BIBLIOTHÈQUE DES CONFÉRENCES. SÉRIE A, N° 94.

LES MISSIONS MARISTES D'OCÉANIE

CONFÉRENCE AVEC PROJECTIONS

PAR

le P. DUBOIS

de la Société de Marie

RUE BAYARD. PARIS-8e

Nihil obstat.

Parisiis, die 17a maii 1926.

J. André.

IMPRIMATUR

Parisiis, die 19a maii 1926.

V. Dupin,
vic. gen.

Les Missions maristes d'Océanie

Conférence avec projections.

Mesdames, Messieurs,

Vue n° 1. — Les missions maristes d'Océanie.
Vue n° 2. — Le P. Colin, Fondateur de la Société de Marie.

Le 23 juillet 1816, douze jeunes prêtres lyonnais montèrent au sanctuaire de Notre-Dame de Fourvière, pour mettre sous la protection de la Vierge de Fourvière le projet qu'ils avaient conçu de former une Société religieuse qui porterait le nom de Marie. Dispersés bientôt par les différentes obédiences qu'ils reçurent de leur évêque, ils ne purent réaliser leur pieux dessein que vingt ans plus tard. Le 24 septembre 1836, les vingt-quatre premiers Maristes, des diocèses de Lyon et de Belley, prononcèrent leurs vœux et élirent pour Supérieur général celui qui, depuis le commencement, avait été l'âme du projet, et qui, poussé par son amour ardent pour la Sainte Vierge, avait réussi à obtenir du Saint-Siège l'approbation de la Société de Marie, le P. Jean-Claude-Marie Colin.

Vue n° 3. — Carte de l'Océanie occidentale.

En approuvant la jeune Société de Marie, le Souverain Pontife Grégoire XVI lui confiait l'évangélisation de l'Océanie occidentale.

L'Océanie occidentale est aux antipodes de la France. Le méridien 180°, qui marque la séparation entre l'hémisphère oriental et l'hémisphère occidental, passe au centre même des missions maristes d'Océanie.

Aussi peut-on, en partant de France, se rendre dans ces missions, soit par l'Ouest, par Le Havre, New-York et San-Francisco, soit par l'Ouest, par Marseille, le canal de Suez et les Indes. La distance est pratiquement la même.

Suivons maintenant sur la carte la route que nous allons parcourir pendant cette conférence. Nous accompagnerons nos premiers missionnaires Maristes à travers les mers, en Nouvelle-Zélande; à Wallis et à Futuna; à Tonga, ou Océanie centrale; à Samoa, ou archipel des Navigateurs; à Fidji; en Nouvelle-Calédonie et aux Nouvelles-Hébrides, et enfin aux Salomon.

Vue n° 4. — Mgr Pompallier.

Autrefois, le voyage d'Océanie se faisait plus fréquemment par l'Ouest en partant, soit du Havre, soit de Londres. Mais, comme il était impossible alors de traverser l'Amérique, par le chemin de fer aux Etats-Unis ou par le canal de Panama, ni l'un ni l'autre n'existant encore, on faisait le tour de l'Amérique du Sud par le détroit de Magellan et la Terre de Feu. C'est la route que suivit la première troupe de missionnaires envoyée par le P. Colin. Ils étaient huit, quatre Pères et trois Frères sous la conduite de Mgr Pompallier, premier vicaire apostolique de l'Océanie occidentale.

La première victime que Dieu choisit parmi ces apôtres fut le P. Bret. Il mourut en mer et son corps alla sanctifier cet océan dont il avait rêvé de conquérir les îles à Jésus et à Marie.

Mgr Pompallier, après avoir laissé le P. Bataillon à Wallis et le P. Chanel à Futuna, continua sa route jusqu'en Nouvelle-Zélande où il fixa sa résidence.

Plus tard, il fut nommé par le Saint-Siège évêque d'Auckland, et ainsi, de premier vicaire apostolique de l'Océanie occidentale, il devint premier évêque de Nouvelle-Zélande.

Dans cette conférence, nous l'accompagnerons d'abord jusqu'en Nouvelle-Zélande, puis nous reviendrons à Futuna et Wallis.

Vue n° 5. — Carte de la Nouvelle-Zélande.

La Nouvelle-Zélande, composée de deux grandes îles, celle du Nord et celle du Sud, constitue aujourd'hui un pays dont la civilisation est aussi avancée que celle d'Australie ou d'Amérique. On y compte près d'un million et demi d'habitants dont 170000 sont catholiques.

Dans l'île du Nord, il y a un évêque à Auckland, un archevêque et son coadjuteur à Wellington, la capitale; l'île du Sud compte deux évêques, l'un à Christchurch et l'autre à Dunedin.

Quand Mgr Pompallier y arriva, le pays était surtout habité par les Maoris. Il n'en reste aujourd'hui que 50000 environ, vivant encore en tribus. Parmi eux il y a 8000 catholiques, évangélisés par les Pères de Mill-Hill et par les Pères Maristes. Les premiers évangélisent les Maoris du diocèse d'Auckland, au Nord;

les Pères Maristes, ceux des diocèses de Wellington et de Christchurch.

Vue n° 6. — Femme maorie de Nouvelle-Zélande.

Le type moari se rattache à la race polynésienne que nous trouverons à Wallis, Futuna, Tonga et Samoa. Les îles d'Océanie sont peuplées par deux races principales, les Polynésiens et les Mélanésiens. Les Polynésiens forment une race supérieure. Ils sont généralement d'un beau physique, bien bâtis et forts; ils sont intelligents, beaux parleurs, éloquents orateurs.

Cette jeune femme est revêtue du « piu-piu » et porte, suspendus au cou, des ornements appelés « tiki » et faits de bean diorite vert sculpté. Remarquez aussi le tatouage de la lèvre inférieure, encore très en usage parmi les Maoris.

Vue n° 7. — « Wharé » ou case maorie.

Les cases ou maisons maories, appelées « wharés » par les indigènes, sont faites de pieux et de branchages entrelacés, recouverts ensuite de paillassons grossiers fabriqués avec des plantes de marécage. Les pièces de bois qui supportent la toiture sont souvent ornées de sculptures, surtout dans les wharés des chefs.

Le foyer est au centre même de la case et le feu y est presque continuellement allumé. Point de cheminée : la fumée s'échappe comme elle peut, par la porte, par la fenêtre minuscule, et surtout par les nombreuses fissures des treillis ordinairement mal joints. C'est dans ces cases que le soir on se rassemble, et comme comme tout ce monde fume, y compris les femmes et les enfants, vous pouvez vous faire une idée de l'air qu'on y respire quand, après une heure ou deux, les pipes ont mêlé leurs âpres exhalaisons à l'épaisse fumée des broussailles du foyer.

Mais c'est là que le missionnaire peut exercer son apostolat. Là les Maoris sont prêts à l'écouter pendant des heures entières; ils lui posent aussi des questions sur la religion, et le catéchisme se fait sans même qu'ils s'en aperçoivent.

Vue n° 8. — Sculpture maorie.

Devant les wharés des chefs, on trouve parfois des sculptures curieuses, grotesques, mais qui ne manquent pas d'originalité.

Quelle est l'origine de ces figures sculptées? Les uns nous disent qu'elles servaient simplement d'avertissement pour interdire l'entrée de la case du chef aux Maoris de classes infimes.

et pour leur rappeler qu'ils seraient punis de mort s'ils passaient outre.

D'autres nous assurent que ces figures avaient une signification religieuse, comme c'est encore le cas aujourd'hui dans beaucoup de tribus païennes. Par exemple, chaque famille mélanésienne a son dieu particulier, son « totem ». Ces dieux ne sont autres que les esprits des ancêtres, surtout chefs, et sont supposés habiter dans différents animaux et poissons. Telle famille regarde le requin comme son totem et aucun de ses membres ne tue jamais de requin, de crainte de tuer son dieu protecteur, Pour telle autre famille, c'est la tortue, le hibou ou quelque autre animal. Ces animaux sont représentés en sculptures et en peintures grossières que chaque famille honore par des sacrifices et des rites bien déterminés. Depuis l'arrivée des missionnaires. ces croyances et ces pratiques n'existent plus parmi les Maoris de Nouvelle-Zélande.

Vue n° 9. — Famille maorie.

Voici une famille de Maoris de la rivière Wanganui, dans la partie Sud-Ouest de l'île du Nord.

Le long de cette rivière, les missionnaires circulent en pirogue ou « waka » pour visiter les familles catholiques. De la rivière ils se dirigent à cheval vers les tribus de l'intérieur.

Rien de plus intéressant ni de plus édifiant que les grandes réunions où de nombreuses familles de Maoris, venues de vingt et trente kilomètres, se rassemblent pour assister aux instructions du Père, recevoir les sacrements et prendre part à de fraternelles agapes.

Dans une de ces réunions, le vieux chef Poutini disait à Mgr Redvood, aujourd'hui archevêque de Wellington : « Evêque, moi, Poutini, chef de la tribu des Ngatiaou, je te salue comme l'envoyé de Dieu parmi nous. Si tu étais venu ici il y a une dizaine d'années, tu nous aurais rencontrés assis autour d'un grand feu, buvant dans des crânes humains le sang de nos prisonniers de guerre, et dévorant leurs chairs rôties au four. Ton regard aurait circulé devant ce spectacle odieux et tu aurais pleuré... Aujourd'hui tout est changé, tu peux nous regarder sans crainte. Pourquoi ce changement rapide? Ecoute, évêque, je vais te le dire. Tu nous a envoyé un prêtre et voilà son ouvrage! A la place du four où nous faisions cuire nos prisonniers de guerre, nous avons un autel et un tabernacle, où le Seigneur Dieu, Jésus-Christ, descend pour être lui-même notre nourriture et notre breuvage. Evêque, sois heureux, voilà l'ouvrage de ton prêtre! »

Vue n° 10. — Le bienheureux Chanel.

Revenons au bienheureux Chanel que nous avons laissé à Futuna, bien loin de son évêque, car de la Nouvelle-Zélande à Futuna il y a environ 2300 kilomètres, et à l'époque du Bienheureux, où la navigation se faisait exclusivement à la voile, cette distance représentait plusieurs semaines de voyage.

Le bienheureux Chanel était natif de la Bresse. Petit berger, il gardait les troupeaux de son père. Un curé du voisinage le rencontra un jour dans les champs et lui dit : « Pierre, voudrais-tu être prêtre ? — Oh! c'est tout mon désir! » répondit-il. Non seulement il voulait être prêtre et se consacrer à Jésus, le premier prêtre, mais il avait aussi au cœur un double amour... Il aimait la Sainte Vierge, et un jour, dans son enfance, avec son sang qui coulait d'une légère blessure, il écrivit ces mots : « Aimer Marie et la faire aimer. » Il aimait les âmes et spécialement les âmes d'infidèles; il avait puisé cette charité dans la lecture des *Lettres édifiantes*, devenues depuis les *Annales de la Propagation de la Foi*. Il entra donc dans la Société de Marie et fut désigné pour le premier convoi de missionnaires.

Le 9 novembre 1837, onze mois après son départ du Havre, il arrivait à Futuna où il devait se dévouer pendant trois ans au salut des âmes et mourir martyr.

Vue n° 11. — Paysage de Futuna.

Futuna, vue de la haute mer, offre l'aspect enchanteur d'un bouquet de verdure s'élevant très haut dans l'immensité des flots. Entourée comme la plupart des îles du Pacifique d'une couronne de récifs, elle voit la mer se briser à ses pieds. Cette couronne est une vraie muraille de forteresse quand il s'agit d'aborder, et le seul point où, aujourd'hui encore, un navire puisse trouver un refuge et jeter l'ancre, est l'anse de Sigave.

A peu de distance de l'île de Futuna se voit l'île d'Alofi, plus petite que Futuna, mais également très élevée et toujours couverte d'une riche verdure qui en dissimule les âpres rochers.

Les Futuniens étaient autrefois parmi les plus sauvages des indigènes d'Océanie. Très peu de temps avant l'arrivée du bienheureux Chanel, le cannibalisme sévissait encore chez eux dans toute son horreur. Leur fureur de manger de la chair humaine en était venue à un tel point que la guerre ne suffisait plus à leur fournir des victimes et qu'ils faisaient la chasse à ceux de leur propre tribu; ils égorgeaient les membres de leur famille; des mères faisaient rôtir leurs enfants et des enfants mangeaient leurs vieux parents.

C'est à la conversion de ces monstres que devait se dévouer le doux et délicat P. Chanel. Son ministère de trois ans ne fut qu'un long martyre. Il ne réussit pas à former un seul néophyte, mais dut se contenter de baptiser quelques enfants et quelques adultes en danger de mort. Et que de fois le Bienheureux et son compagnon, le Fr. Marie-Nizier, eurent à souffrir de la faim et furent réduits à se nourrir des restes que le roi Niuliki jetait à ses pourceaux !

Vue n° 12. — Martyre du bienheureux Chanel.

Cependant, après ces trois ans de souffrances et d'apostolat apparemment stérile, les indigènes commencent à s'ébranler. Un certain nombre se déclarent catéchumènes. Mais, quand le roi Niuliki apprend que son propre fils, Meitala, s'est fait inscrire parmi eux et qu'il fréquente la petite chapelle du missionnaire, sa fureur éclate. Il s'écrie : « Qui donc me débarrassera de ce prêtre ? »

Le 28 avril 1841, comme le Père avait de bon matin, selon sa coutume, fait son oraison, célébré la sainte messe, récité son bréviaire, les meurtriers envahissent sa case, pillent les quelques objets à son usage. L'un d'eux le frappe d'un coup de casse-tête. Il tombe à terre en disant : « C'est bien, c'est bien; la mort est un bien pour moi. » Alors le chef des meurtriers, Musumusu, saisit une herminette et la lui enfonce dans la tête. L'Océanie avait son premier martyr.

Vue n° 13. — Eglise de Poï à Futuna.

Ce que la vie du P. Chanel n'avait pu réaliser, sa mort l'obtint. Une fois de plus se vérifia la parole : « Le sang des martyrs est une semence de chrétiens. » Deux ans plus tard, Mgr Pompallier avait le bonheur de baptiser et de confirmer 714 catéchumènes, et l'année suivante il ne restait pas un seul païen à Futuna. Depuis, non seulement les Futuniens sont restés fidèles à leur foi, mais le protestantisme n'a jamais pu pénétrer dans leur île, et Futuna donne au monde le spectacle d'une chrétienté rivalisant par sa ferveur avec celle des premiers siècles de l'Eglise. Personne n'y penserait pouvoir se dispenser de la messe le dimanche, la plupart y assistent tous les jours; la communion fréquente est la pratique commune. La population de Futuna, qui, décimée par les guerres et les excès d'un hideux cannibalisme, était de 800 âmes à l'époque du Bienheureux, dépasse aujourd'hui le chiffre de 1 500.

Sur le lieu du martyre du Bienheureux, au milieu des cocotiers sous lesquels il fut mis à mort, les Futuniens ont élevé cette belle église octogone. Ils aiment à s'y rendre en grands pèlerinages et sont heureux d'assister à la messe, que le Père célèbre avec les ornements mêmes du martyr et avec le calice dans lequel il avait consacré le Précieux Sang le matin où il donna sa vie pour eux.

Vue n° 14. — Mgr Bataillon.

Pendant que le bienheureux Chanel travaillait, souffrait et enfin répandait son sang pour ses enfants de Futuna, le P. Bataillon bataillait à Wallis, à moins de 200 kilomètres de là. C'était un vaillant entre tous. Aux mérites d'une indomptable énergie morale, il joignait l'avantage d'une vigueur physique exceptionnelle. Il endura des privations extraordinaires, mais ne se laissa jamais abattre et finit par gagner la confiance d'un grand nombre de Wallisiens. Bientôt la guerre éclata entre les partisans du missionnaire et les partisans de la vieille église païenne. Le P. Bataillon donna à ses catéchumènes, comme étendard, un morceau d'étoffe blanche à laquelle il avait attaché l'image de Marie, et il leur dit : « Allez sans crainte; cette bannière fera le tour de l'île. » Il leur avait permis de se défendre, non d'attaquer. L'image de Marie fit le tour de l'île, sans coup férir, et bientôt l'île entière fut convertie.

Le P. Bataillon devint Mgr Bataillon, vicaire apostolique de l'Océanie centrale, pendant que Mgr Pompallier restait, avec une juridiction moins étendue, vicaire apostolique de l'Océanie occidentale. En 1843, quand le vaillant et généreux missionnaire de Wallis reçut les Bulles pontificales qui le créaient vicaire apostolique, le dénuement et les épreuves dont sa personne portait les traces profondes émurent jusqu'aux larmes ceux qui étaient chargés de lui apprendre sa promotion. Ils le trouvèrent sans chapeau, sans souliers, n'ayant que de misérables vêtements en lambeaux. L'île entière applaudit de grand cœur au choix du Saint-Siège; lui seul resta consterné de son élévation à l'épiscopat.

Mgr Bataillon était chargé, non seulement de Wallis et de Futuna, mais de toutes les îles des archipels de Samoa, Tonga et Fidji. C'était un vicariat immense où tout était à faire — et il y fit beaucoup. A sa mort, en 1877, trois vicariats avaient été formés du vaste territoire qu'il avait si bien évangélisé.

Vue n° 15. — Grand Séminaire de Lano, à Wallis.

Arrêtons-nous quelques instants à Wallis, avant de parcourir ces mers où Mgr Bataillon a navigué en tous sens.

Wallis est aujourd'hui une île entièrement catholique. Sa population de 4.500 âmes donne l'exemple d'une vie chrétienne intense. Il y a seulement quatre-vingts ans que Wallis est sortie du paganisme, et déjà elle a donné à l'Eglise un grand nombre de religieuses et plusieurs prêtres indigènes.

Voici les étudiants du Séminaire indigène de Lano, à Wallis. A côté du Grand Séminaire se trouvent un Petit Séminaire, un collège de garçons, un pensionnat de jeunes filles et le noviciat des Sœurs indigènes de Wallis.

Chaque matin à la messe il y a nombreuse assistance, dans chacune des trois églises paroissiales de Wallis. A Mataulu, la capitale, le roi reçoit tous les jours la sainte communion, donnant ainsi le bon exemple à ses sujets. Quel entrain dans les prières et les chants! Après la messe, on voit des groupes se former pour faire le chemin de la croix, à l'intention d'un parent, d'un chef, d'un missionnaire défunts, et dans le cortège on peut voir un grand nombre de jeunes gens, des enfants pieux et recueillis, des vieillards se traînant péniblement à l'aide de leur long bâton, des femmes portant leur bébé sur le dos, ce qui ne les empêche nullement de faire toutes les génuflexions et les prostrations.

Vue n° 16. — Jeunes mariés de Matautu, à Wallis.

C'est en janvier, grande époque des récoltes et de l'abondance des fruits à Wallis, que les fiançailles se décident et que les mariages se célèbrent. Le jour de l'Epiphanie, les chefs font savoir à la jeunesse wallisienne que, le lendemain, tous les jeunes gens qui ont fait définitivement leur choix doivent donner le nom de leur fiancée et se préparer au mariage. Aussitôt que le jeune homme et la jeune fille se sont promis publiquement de se donner l'un à l'autre, les cloches de bois résonnent dans tout le pays. Il arrive au Père de bénir alors quinze et jusqu'à vingt mariages dans la même journée.

Les jeunes mariés portent, nouées à la ceinture, de longues et larges pièces d'étoffe dont le tissu est en écorce d'arbre et dont la traîne, en proportion avec la richesse et la dignité de leurs familles, atteint parfois 15 et 20 mètres de longueur. Des fleurs et des morceaux de laine colorée forment des dessins bizarres dans la chevelure des futurs époux. Les indigènes suivent en grand nombre, et, pendant ce temps, résonnent toujours les tam-tams de bois, en cadence joyeuse.

Vue n° 17. — Vicariat de l'Océanie centrale.

Le vicariat apostolique de l'Océanie centrale englobait autrefois Samoa et Fidji. Modifié à plusieurs reprises et considérablement réduit, il comprend aujourd'hui : 1° les îles de Wallis et Futuna, au Nord; 2° toutes les îles du royaume de Tonga, dont les principales sont Tonga-Tabu, ou Tonga la Sainte, Haapal, Vavau et les Niua; et 3°, isolée à 500 kilomètres à l'est de Vavau, l'île de Niue ou île Sauvage.

Le groupe de Samoa à droite et l'archipel de Fidji à gauche forment maintenant des vicariats distincts dont nous parlerons ensuite.

Réduit comme il l'est, ce vicariat de l'Océanie centrale est encore immense. Il faut généralement au vicaire apostolique plusieurs semaines de voyage pour aller de Tonga-Tabu, le centre de la mission, soit à Wallis et Futuna, soit à Niue. Les petits voiliers et les pétrolettes ne peuvent se risquer sur ces mers dangereuses; le nombre très restreint de grands navires et la difficulté des correspondances entre navires prolongent souvent ces voyages au delà de mois entiers.

Voici un phénomène curieux qui doit bouleverser complètement le calendrier du vicaire apostolique de l'Océanie centrale dans ses nombreux voyages. Suivons-le sur la carte dans une de ses visites à Wallis et Futuna. Actuellement, pour aller de Tonga-Tabu à Futuna, il lui faut, par le seul bateau de voyageurs qui dessert ces îles une fois par mois, aller passer à Samoa et à Fidji. En allant de Tonga-Tabu à Samoa, il doit sauter un jour de son calendrier; un beau soir, dans le passage entre le groupe de Tonga et celui de Samoa, on voit au salon cette petite notice : « En mer, samedi 24 avril : demain sera lundi, 26 avril. » Pas de dimanche cette semaine, pas de 25 avril cette année; un jour de moins dans la vie du voyageur; une date dont il n'aura pas à rendre compte au tribunal du divin Juge. Puis, en allant de Samoa à Fidji, le phénomène se produit en sens inverse; c'est un jour à doubler : « En mer, vendredi 30 avril : demain sera vendredi 30 avril. » Tant pis si vendredi est un jour de jeûne et d'abstinence! Il faut le doubler. Le même fait se produira en allant de Fidji à Futuna; puis encore en revenant de Futuna à Fidji. Quelles complications chronologiques dans la vie d'un vicaire apostolique dont un écrivain voudra plus tard écrire l'histoire!

Vue n° 18. — Un paysage océanien.

Presque toutes les stations de missionnaires se trouvent sur le bord de la mer. Voici une vue prise d'une de ces stations. Le missionnaire mariste est bien le missionnaire marin. Pour aller visiter ses villages le long de la côte ou dans les îles environnantes, il utilise tous les moyens de transport maritime possibles : le vapeur, quoique bien rarement, la pétrolette souvent, le voilier, la pirogue, la simple barque à rames, suivant les circonstances ; heureux encore quand il peut trouver à sa disposition un de ces moyens de communication !

Plus de vingt missionnaires maristes, Pères, Frères, Sœurs, sont morts en mer, dans le cours de quelques années, l'un deux dans cette baie même où se cachent de dangereux récifs.

Vue n° 19. — Le cotre du missionnaire.

Voici le genre d'embarcation dont se sert souvent le missionnaire d'Océanie. Les jeunes gens qui forment son équipage se disposent à partir. La petite barque ou « youyou » quitte le voilier pour aller à la côte chercher le Père. Aussitôt le Père à bord, on lève l'ancre. Heureux si le vent et les courants poussent gentiment le voilier à destination. Mais il y a deux extrêmes qui, fréquemment, gênent fort la navigation : les grands calmes et les grands vents. C'est à Marie, l'Etoile de la mer, que le missionnaire demande un voyage propice ; dès que l'ancre est levée, il récite trois *Ave Maria* auxquels répondent tous les indigènes du bord.

Visitons rapidement l'immense vicariat de l'Océanie centrale. Nous en avons déjà vu les deux fleurons : Wallis et Futuna. Plus au Sud, se trouve le royaume de Tonga.

Les premiers apôtres de Tonga furent les P. Chevron et Breton dont l'apostolat consista surtout à souffrir beaucoup. Nous récoltons aujourd'hui ce qu'ils ont semé dans les larmes. Ce n'est pas à dire qu'il n'y ait plus de souffrances et d'épreuves. Dieu merci ! elles ne manquent pas. Mais elles sont peu de chose, comparées à celles de ces deux saints missionnaires.

A Tonga-Tabu, centre de la mission et centre du gouvernement tongien et résidence de la reine, le vicariat a son école centrale de garçons indigènes, le collège du Bienheureux-Chanel, trois belles écoles de filles indigènes, dirigées par les Sœurs du Tiers-Ordre Régulier de Marie, et un florissant externat de jeunes filles blanches et métis, dirigé par les Sœurs Maristes.

Vue n° 20. — Le kava polynésien.

Voici une réunion de Pères à Maofaga, près du collège du Bienheureux-Chanel. Les indigènes leur offrent un kava.

Le kava est une boisson océanienne qui mérite quelques mots de description. Elle est faite avec une racine légèrement amère du même nom, que les indigènes cultivent avec soin. C'est la racine et la boisson de l'hospitalité. Si un chef veut honorer un des collègues ou souhaiter la bienvenue à un missionnaire, il rassemble quelques jeunes gens, ou plus souvent quelques jeunes filles du village pour préparer le kava. La racine, soit verte, soit plus souvent sèche, est offerte publiquement à l'hôte et confiée ensuite aux jeunes filles. Autrefois, et cela se fait encore à Futuna, les jeunes filles se servaient de leurs blanches dents pour broyer la racine; aujourd'hui, généralement, on la râpe. Puis on la mélange avec de l'eau dans un vase spécial en bois, avec pieds, artistiquement sculpté dans un seul bloc. Puis, pour clarifier le liquide, on le passe soigneusement au moyen de la filasse empruntée à une plante du pays, et enfin on l'offre avec cérémonie, dans une demi-noix de coco, aux invités présents, en suivant la voie hiérarchique. Tout le temps de la confection et de l'offrande du kava est occupé de nombreux et longs discours. Inutile d'ajouter que cette boisson, surtout quand elle est préparée de la façon traditionnelle, n'a rien de bien appétissant pour un palais européen. Cependant les missionnaires s'y habituent et finissent par l'aimer autant que les indigènes. En tout cas, ils savent profiter des longues séances du kava et des discours de règle pour donner quelque instruction religieuse à leurs auditeurs.

Vue n° 21. — Port d'Apia.

Passons maintenant du royaume de Tonga à l'archipel de Samoa ou des Navigateurs, au Nord-Ouest. Il se compose de trois îles principales, dont deux, Upolu et Savaï, colonies allemandes avant la guerre, sont maintenant administrées par la Nouvelle-Zélande, et dont la troisième, Tutuila, appartient aux Etats-Unis depuis 1898.

La ville principale de Samoa se trouve dans l'île d'Upolu. C'est Apia, dont le port offre des perspectives de grande beauté : la ville, avec ses maisons coloniales aux larges porches et entourées de vérandas; la cathédrale dont les blanches tours servent de point de repère aux navigateurs; derrière la ville, les montagnes qui s'étagent verdoyantes jusqu'à une hauteur de 4000 pieds.

Comme la plupart des ports d'Océanie, le port d'Apia est formé d'un banc de corail qui en ferme presque complètement l'ouverture et ne laisse aux navires que le passage suffisant pour entrer et sortir.

Vue n° 22. — Le « tulafale » ou orateur samoan.

Les Samoans, comme les Tongiens, appartiennent à la race polynésienne et sont réputés comme les plus beaux types de cette race. Ce sont aussi de grands orateurs au langage imagé; leurs palabres interminables occupent une grande partie des jours et des nuits. Quelquefois ce sont des discours solennels faits à l'occasion d'une visite, d'une fête, et c'est le « tulafale », orateur officiel du chef, qui parle à l'assemblée, portant le chasse-mouche et tenant le bâton qui est l'insigne des orateurs. D'autrefois, et plus souvent, ce sont des causeries sans fin autour du kava, la boisson nationale de Samoa comme de Tonga.

Vue n° 23. — Confection du « kafa ».

La confection du « kafa » ou ficelle indigène est une des industries importantes du pays. Pour la construction de leurs maisons et de leurs pirogues, les indigènes ne se servent pas de clous, mais uniquement de cette ficelle, qui du reste est très résistante. De même ils emploient le kafa pour faire leurs filets, pour assujettir la pointe de leurs lances à pêche, et pour beaucoup d'autres usages.

Les catéchistes, tout en instruisant les enfants du village, doivent cependant nourrir leur famille; les offrandes que leur font les parents des enfants ne suffisent pas. Il faut donc qu'ils travaillent. Le catéchiste représenté ici est aveugle : ne pouvant travailler ni à la culture ni à la pêche, il fait du kafa qu'il échange ensuite pour des ignames, des taros et des poissons.

Vue n° 24. — Un chef samoan.

Les fêtes publiques à Samoa, comme du reste à Wallis et à Tonga, sont célébrées par des réjouissances dont la principale est un repas digne des héros d'Homère. Porcs entiers rôtis, monceaux de taros, d'ignames, de fruits de l'arbre à pain, régimes monstrueux de bananes, tous ces mets et bien d'autres défilent devant les hôtes et s'amoncellent aux pieds des chefs. Le maître de cérémonies en proclame le partage qui se fait avec le plus grand ordre, suivant l'ordre hiérarchique des familles, et, séance tenante, tout disparaît dans l'estomac complaisant des convives.

Vue n° 25. — Une danseuse samoanne.

Vue n° 26. — Femme d'un chef en habit de gala.

Au festin succèdent des divertissements variés. Les plus goûtés sont les danses polynésiennes connues à Samoa sous le nom de « sivas ». Les jeunes filles, assises en groupe, exécutent les danses les plus variées avec un ensemble étonnant de gestes, où la tête, les bras, le buste, accentuent le rythme et le mouvement du chant. Les jeunes gens ont aussi leurs sivas. Ce sont de préférence des danses de guerre, des simulacres de marches guerrières, des attaques, des combats auxquels les exécutants mettent une animation extraordinaire.

Vue n° 27. — Mataafa, grand chef de Samoa.

Josefo Mataafa, grand chef de Samoa et confesseur de la foi, mort à Apia le 6 février 1912, était né en plein paganisme et y avait vécu longtemps, adonné à toutes les pratiques païennes. Il avait, dit-on, plus de 100 femmes.

Il avait un caractère rude et autoritaire. Un jour un « teacher » protestant se permit une plaisanterie indécente sur la religion catholique. Ordre fut donné de le lier à une longue perche, comme on le fait pour les porcs destinés au four, et deux hommes le chargeant sur leurs épaules allèrent l'étendre au grand soleil devant la case du chef où il resta ainsi jusqu'au soir.

Lorsque l'amiral Kimberley arriva à Samoa à bord du croiseur américain *Trenton*, Mataafa lui envoya, en son nom et au nom de tous les chefs, une lettre de bienvenue qu'il signa : « Josefo Mataafa, roi de Samoa. » Les chefs protestants le prièrent humblement, mais instamment, de signer à la façon de ses prédécesseurs : « Mataafa », sans y ajouter son nom de chrétien. Il répondit : « C'est le nom que j'ai reçu au baptême; s'il ne vous convient pas, voici le titre et les honneurs que vous m'avez donnés; disposez-en à votre gré. »

Les journaux du monde entier ont parlé de la générosité de sa conduite au moment du terrible désastre de la rade d'Apia en 1889. Six navires de guerre d'Allemagne et d'Angleterre furent jetés sur les récifs avec leurs équipages. Mataafa descendit des montagnes où il s'était retiré, chassé par les canons ennemis, et envoya 100 de ses guerriers porter secours aux naufragés. Beaucoup de braves marins perdirent la vie, mais ceux qui furent sauvés ne durent leur salut qu'à la magnanimité du chef chrétien. Telle fut la noble vengeance que Mataafa tira de ses ennemis.

C'est l'une des plus belles âmes qu'aient jamais rencontrées les missionnaires Maristes dans ces îles d'Océanie.

Vue n° 28. — La plus ancienne Sœur indigène de Samoa.

A quelques milles d'Apia, capitale de Samoa, se trouve Moamoa, la station centrale du vicariat et la résidence habituelle du vicaire apostolique. Là se trouvent les écoles centrales des indigènes, garçons et filles, un noviciat de Sœurs indigènes, et l'école des catéchistes.

Vue n° 29. — Les catéchistes de Samoa.

De chaque côté d'une large allée qui aboutit à la jolie chapelle de Moamoa, une série de cases océaniennes, à l'ombre des arbres à pain et des cocotiers, abritent les futurs catéchistes et leurs familles. C'est à Moamoa que se forment, par un noviciat et un cours d'instruction, généralement de trois ans, ces aides dévoués des missionnaires. Quand il a donné des preuves de savoir et de dévouement, le catéchiste reçoit de l'évêque sa destination, qui est parfois très éloignée de son pays natal. Peu importe; il quitte Moamoa avec sa femme et ses enfants, et s'en va, généreux et vaillant, le chapelet au cou et le crucifix sur la poitrine.

Il reviendra tous les ans à Moamoa pour faire sa retraite, prêt chaque fois à changer de demeure, à la voix de l'évêque, qui pour lui est la voix de Dieu même.

Vue n° 30. — Une pirogue à balancier, à Fidji.

De Samoa revenons vers l'Ouest, et passons directement entre Wallis et Futuna au Nord et Tonga au Sud. Nous arrivons à Fidji. Là nous trouvons une race différente de celle que nous avons vue jusqu'ici. Ce ne sont plus des Polynésiens, mais des Mélanésiens. Cependant nous n'avons pas encore les purs Mélanésiens que nous trouverons plus encore à l'Ouest et au Nord-Ouest, car le sang tongien s'est infiltré abondamment dans le peuple fidjien.

Le Fidjien est généralement de taille au-dessus de la moyenne. Il a le buste et les membres fortement constitués. Ses lèvres sont beaucoup plus épaisses que celles des Polynésiens. Ses cheveux sont crépus, souvent rougis à la chaux, et se dressent hérissés comme une vulgaire tête de loup. Selon la proportion de sang polynésien qui coule dans ses veines, son teint varie du noir au marron clair.

Vue n° 31. — Fils d'anthropophages.

Les Fidjiens étaient anthropophages, et les repas publics de chair humaine n'ont cessé chez eux qu'en 1877. Si des naufragés, ces « victimes de la colère des dieux », comme ils les appelaient, venaient échouer sur leurs côtes, ils les poursuivaient sur les récifs comme des fauves, pour les faire cuire et les dévorer. Quant aux prisonniers de guerre, on en mangeait quelques-uns aux grands festins qui réunissaient les vainqueurs; quelques autres étaient distribués comme esclaves aux meilleurs guerriers; mais la plupart restaient au grand chef qui les faisait parquer dans un enclos où ils étaient gardés et engraissés avec soin, pour être ensuite mangés dans les solennités publiques.

Les missionnaires ont vu des enfants ronger des os garnis de chair humaine, et ces enfants disaient : « Père, regarde si c'est bon. » « Vous autres blancs, disait le fameux chef anthropophage Thakombau, vous avez vos bœufs; voilà pourquoi vous ne mangez pas les hommes. Pour moi, mes hommes sont mes bœufs. » « Chaque fois qu'un esclave avait été broyé par ses dents princières, dit Onésime Reclus, un chef portait une grosse pierre dans un lieu choisi par lui pour sa tenue de livres. Quand il mourut, sans être encore très vieux, les pierres montaient en colline : il avait mangé 872 *longs cochons* » !

Vue n° 32. — Chefs fidjiens devant un « arbre du voyageur ».

Aujourd'hui le cannibalisme a complètement disparu de Fidji. On trouve parmi les indigènes des chefs capables. Le gouvernement anglais en reconnaît un certain nombre comme ses représentants dans le pays. Voici une réunion des chefs d'une province.

Derrière le groupe se trouve l' « arbre du voyageur », dont la couronne gracieuse de feuilles larges et d'un beau vert s'étend en éventail pour protéger le voyageur contre les ardeurs du soleil. Il fait plus : il fournit au voyageur une provision d'une eau pure et fraîche qui n'est autre que la rosée du ciel. La surface étendue des feuilles condense l'humidité de l'atmosphère et l'eau descend goutte à goutte dans le creux, à l'endroit où la tige de la feuille se joint au tronc de l'arbre. En perçant la base de cette tige, on obtient plusieurs litres d'eau.

Vue n° 33. — Station d'un missionnaire marin.

Le grand apôtre de Fidji fut le P. Bréhéret que Mgr Bataillon lui-même avait amené sur ce champ d'apostolat. Pendant cinquante ans, le P. Bréhéret, ou « capitaine Bréhéret », comme on l'appelait, sur son *Etoile du Matin,* sillonnait les mers de cet archipel, d'une main égrenant son chapelet, de l'autre manœuvrant son gouvernail. Voici une de ses stations marines, celle de Kadavu.

Un jour, au bout de cinquante-quatre années d'un généreux apostolat, après s'être levé suivant son habitude à 4 heures du matin, après avoir sonné le réveil de la communauté, fait sa méditation, célébré la sainte messe, travaillé au jardin, récité son bréviaire et visité un malade, le vaillant missionnaire s'affaissa sur l'herbe. On eut le temps de lui administrer les sacrements. Quelques minutes après, il expirait doucement.

Vue n° 34. — Indiens récoltant des ananas, à Fidji.

Il y a à Fidji un nombre considérable d'Indiens, amenés autrefois par les planteurs surtout pour la culture de la canne à sucre. Ils sont environ 62000 aujourd'hui et menacent de dépasser en nombre la population fidjienne dont le développement est beaucoup moins rapide. Les jeunes filles indiennes se marient à quatorze ou quinze ans, quelquefois avant cet âge, et les familles sont nombreuses.

Au point de vue spirituel, les Indiens donnent moins de consolations que les Fidjiens. Attachés depuis des siècles à une religion organisée, ils ne se convertissent pas facilement. Cependant, par les écoles et les orphelinats, le progrès de la foi parmi eux est constant. Un prêtre indien ordonné pour le vicariat s'occupe exclusivement de ses compatriotes.

Outre le travail de la canne à sucre dans les champs et dans les raffineries, les Indiens s'occupent des cultures indigènes et vendent pour l'exportation des fruits du pays, surtout la banane et l'ananas.

Vue n° 35. — La léproserie de Makogaï.

Les Sœurs du Tiers-Ordre Régulier de Marie sont chargées, à Fidji, de la léprosité de Makogaï, où 300 lépreux voient leur corps se décomposer et disparaître peu à peu en pourriture. Les doigts de pieds et de mains sont hideusement rongés, un à un; il faut les amputer pour éviter la gangrène. Le nez, les oreilles ne sont bientôt plus que des ouvertures purulentes. Les bras, les jambes, sont attaqués; ce sont des plaies repoussantes, dangereuses; il faut tailler, couper. Souvent, les yeux de ces malheureux se ferment totalement à la lumière, afin de leur cacher, pour ainsi dire, la vue de toutes ces horreurs.

Les Sœurs ont aussi à consoler bien des misères morales. Des pères sont enlevés à leurs enfants et à leurs familles. Des petits de huit et dix ans demandent en pleurant leur maman. De jeunes mères sont séparées de leurs maris et de leurs bébés. Un petit garçon de huit ans, enlevé à sa mère, pleurait et les Sœurs ne parvenaient pas à le consoler. Le catéchiste catholique, lépreux lui-même, le prit dans ses bras et lui dit : « Viens avec moi, mon petit; je serai ton papa; tu coucheras sur ma natte et je t'aimerai bien. »

Que d'âmes sont sauvées sous l'influence si douce des Sœurs infirmières! Parmi les catholiques, c'est la piété fervente. Et il est bien rare que les protestants, et surtout les païens, ne demandent le baptême après un an ou deux passés à la léproserie.

Vue n° 36. — Une Sœur indigène lépreuse.

Parmi ces gardes-malades héroïques il y a eu des victimes. Déjà une Sœur blanche et trois Sœurs indigènes ont été déclarées lépreuses et ont dû se résoudre à vivre et à souffrir, tant que le bon Dieu leur permettra de vivre et de souffrir, en dehors de leur communauté, lépreuses avec les lépreux. Quelle compagnie humainement triste, horrible, de jour et de nuit! Mais c'est pour elles une compagnie bien chère, car elles savent que Notre-Seigneur a voulu être, lui aussi, rejeté comme un lépreux, qu'il a aimé et guéri des lépreux. Et elles continuent à servir ces infortunés, et de bien plus près, comme elles serviraient Notre-Seigneur lui-même.

Vue n° 37. — Un nouveau P. Damien (1).

Un Père aussi, le P. Nicouleau, a été atteint de la lèpre après bien des années passées au service des lépreux. La maladie suit son cours. Les accès de fièvre deviennent plus fréquents et plus violents; les plaies s'étendent peu à peu. Récemment on dut couper au malade une partie du pied. « C'est justement là que j'avais un cor », dit-il plaisamment et bravement. Son prédécesseur comme aumônier des lépreux de Makogaï, le P. Schneider, périt en mer, surpris par un coup de vent, en sortant de la passe de Makogaï. Voilà comment Dieu, dans sa sagesse, qui confond

(1) Voir *Bibliothèque des Conférences, n° 36*, une intéressante conférence avec projections sur le P. Damien, apôtre des lépreux, et les continuateurs de son héroïque apostolat.

la sagesse de ce monde, récompense les aumôniers héroïques des lépreux.

Vue n° 38.

Carte de la Nouvelle-Calédonie et des Nouvelles-Hébrides.

A 1000 kilomètres au sud-ouest de Fidji, nous trouvons la Nouvelle-Calédonie, et à 500 kilomètres au nord de la Nouvelle-Calédonie, les Nouvelles-Hébrides.

La Nouvelle-Calédonie, avec les îles Loyalty au Nord-Ouest, l'île Bélep au Nord et l'île des pins au Sud, forme une de nos plus belles colonies françaises. Autrefois, elle servait de lieu de déportation pour les condamnés aux travaux forcés. La déportation cessa en 1897. Il y a aujourd'hui, en Nouvelle-Calédonie, environ 12000 Français libres, parmi lesquels il y a un bon noyau de catholiques dévoués et fervents.

Le pays est riche en produits miniers : on y trouve du cuivre, du plomb, du fer, de l'argent, mais surtout le nickel qu'on exploite actuellement sur une grande échelle.

Les Nouvelles-Hébrides forment un condominium et sont administrées conjointement par la France et l'Angleterre. Le pays est d'une fertilité extraordinaire. Outre la noix de coco, nos colons français cultivent le coton, le riz, le café, le cacao, la vanille et bien d'autres produits secondaires.

Vue n° 39. — Martyre du Fr. Blaise Marmoiton.

Le 21 décembre 1843, Mgr Douarre, sans autres armes que sa croix, son chapelet et son bréviaire, se fit jeter par un navire français à Balade, au nord-est de la Nouvelle-Calédonie. Il était accompagné de quatre missionnaires, deux Pères et deux Frères. Trois ans ils tinrent bon, bravant la faim, la maladie, les attaques des indigènes, et, ce qui est l'épreuve la plus cruelle de toutes pour les missionnaires, l'insuccès. Ils ne purent, en effet, réunir que quelques catéchumènes.

Le 19 juillet 1847, les indigènes assaillent la maison des Pères, y mettent le feu, la livrent au pillage. Pendant ce pillage, les missionnaires peuvent s'enfuir; mais un pauvre Frère coadjuteur, le Fr. Blaise Marmoiton, blessé la veille, a de la peine à les suivre. Un indigène lui fend la tête d'un coup de hache. « Oh! oui, je leur pardonne, avait dit le Frère avant de mourir, et puisse ma mort être le salut de leurs âmes! » Cette mort, ce martyre, devons-nous dire, car Rome a accepté l'introduction de la cause du Fr. Blaise comme martyr, fut, en effet, le premier signal des succès apostoliques. Deux fois chassés, Mgr Douarre et le P. Rougeyron, deux Auvergnats à la volonté tenace, revinrent et se cramponnèrent à leur chère mission. L'évêque mourut bientôt à la tâche, mais le P. Rougeyron connut le bonheur d'une belle moisson d'âmes.

Vue n° 40. — La stèle de Balade.

Le P. Rougeyron eut aussi le honheur de donner à la France une belle colonie. Le 24 septembre 1853, l'amiral Febvrier-Despointes, s'étant assuré par le P. Rougeyron que l'île était libre et que le pavillon anglais n'y avait été arboré nulle part, se rendit à la mission de Balade avec son état-major, et là, en présence des missionnaires et de 150 indigènes catholiques, proclama au nom de son gouvernement qu'à partir de ce jour, la Nouvelle-Colédonie devenait, avec ses dépendances, colonie française.

Le lendemain, le P. Montrouzier accourt en toute hâte d'une station voisine:

— Amiral, dit-il, vous n'avez pas un instant à perdre si vous voulez devancer les Anglais à l'île des Pins. Le *Herald* est en route pour aller y arborer le drapeau britannique.

— Qu'on chauffe, s'écrie l'amiral, et qu'on se prépare au départ!

Il arrive le 28 à l'île des Pins. Le *Herald* est en rade. Mais le chef de l'île qui, sur le conseil du P. Goujon, s'était enfui pour se soustraire aux sollicitations des Anglais, est averti par ce même Père et vient de nuit à bord du vaisseau de l'amiral, reçoit de lui un drapeau français, et, le lendemain matin, il le hisse sur sa case et signe l'acte par lequel il donne son île à la France. La stèle érigée près de Balade commémore cet événement.

Jusqu'à l'arrivée des missionnaires, les Néo-Calédoniens ne s'étaient révélés que par leurs coutumes barbares et leurs mœurs d'anthropophages. Mgr Vitte, trente ans encore après les premiers efforts de Mgr Douarre et de ses héroïques compagnons, pouvait écrire dans son rapport annuel à la Propagation de la Foi : « Il me faudra d'abord faire d'eux des hommes, avant de songer à en faire des chrétiens. »

Vue n° 41. — Une famille néo-calédonienne.
Vue n° 42. — Un farouche néo-calédonien.

Bouarat, grand chef de Hienghène, ayant reçu d'un blanc le présent d'une carabine, voulut en essayer aussitôt les effets meurtriers. Pour cela il choisit sept hommes au hasard. Il les fit aligner, les coucha en joue, et, le plus tranquillement du monde, déchargea son arme sur chacune de ces cibles vivantes. Inutile d'ajouter que rien ne fut perdu, car un grand repas suivit de près ce fait d'armes du chef.

Du reste, les chefs tiraient haute vanité du nombre de leurs victimes et ils en tenaient un compte exat. A chaque nouvelle victime, ils taillaient une coche sur un certain arbre destiné à cet usage. On a pu relever un jour jusqu'à 76 de ces entailles à l'actif du même personnage.

Aujourd'hui ces mœurs ont complètement disparu, et, sous l'influence de la religion, se sont formées d'excellentes familles chrétiennes.

Vue n° 43. — Masque calédonien.

Cet horrible masque peut avoir servi autrefois aux cannibales au moment de partir pour la chasse à l'homme. Les païens en ont conservé un certain nombre jusqu'à ce jour, mais ils ne les tirent de la fumée de leur case que pour les porter comme ornements pendant une fête. Ce masque est constitué dans sa partie inférieure d'un sac en filet recouvert de plumes d'oiseaux. La figure est un morceau de bois abominablement sculpté. Celui que vous voyez a été choisi parmi les plus beaux. A cette figure de bois sont attachés les cheveux et la barbe de victimes tuées et mangées. Souvent le masque est élevé, et alors c'est à travers l'ouverture de la mâchoire que le porte-masque peut regarder pour se guider.

Porté la nuit par quelque énergumène païen, ce masque est bien fait pour terrifier les indigènes ignorants et supertitieux. Les missionnaires eux-mêmes, en voyant dans la demi-obscurité ces figures grimaçantes pendues aux traverses des cases calédoniennes, sentent un frisson leur passer par le corps.

Vue n° 44. — Catéchistes de Nouvelle-Calédonie.

Après la grâce de Dieu et le dévouement des missionnaires, c'est à l'exemple des admirables Futuniens que les premiers néophytes néo-calédoniens durent leurs progrès dans la foi et dans la vie chrétienne. Chassés successivement de Balade, du village voisin de Pouebo où ils s'étaient réfugiés, puis de Yaté plus au Sud, les missionnaires conçurent le hardi projet de conduire leurs néophytes à 2 000 kilomètres de là, à Futuna, où le sang du bienheureux Chanel avait transformé les indigènes, tout aussi féroces que les Néo-Calédoniens, en admirables chrétiens. Ces néophytes y furent reçus comme des frères, et leurs âmes, réconfortées par les actes de charité chrétienne dont ils étaient l'objet, s'épanouissaient dans une foi toujours plus vive, un amour toujours plus intense pour leur religion et leurs missionnaires.

Voilà quelles furent les prémices de la chrétienté de Nouvelle-Calédonie. Aujourd'hui il ne reste plus que quelques centaines de païens dans différentes régions de la Grande-Terre. Il y a encore, hélas! une bonne moitié de la population restée protestante, et le travail ne manque pas aux missionnaires. Mais ils ont la consolation d'avoir autour d'eux des chrétiens fervents qui ont déjà donné à l'Eglise de saintes âmes, des confesseurs de la foi pendant les persécutions, des religieux et des religieuses d'une fidélité parfaite, des catéchistes dévoués.

Vue n° 45. -- L'église et les écoliers de Hienghène.

Partout en Nouvelle-Calédonie s'élèvent aujourd'hui de florissantes écoles indigènes et des églises dont quelques-unes ne seraient pas déplacées dans nos villages de France. La main-d'œuvre pénale fut d'une grande utilité pour ces constructions, et aujourd'hui encore on peut trouver parmi les libérés un certain nombre d'ouvriers de métiers. Cependant, en Nouvelle-Calédonie comme dans tous les autres vicariats d'Océanie, c'est encore le missionnaire qui est le principal architecte et constructeur, aidé des enfants de son école et des indigènes de son district.

Cette station de Hienghène, au sud de Pouebo et de Balade, a été éprouvée par un cyclone qui a renversé l'église. C'est le missionnaire qui, grâce au concours de ses jeunes gens, a travaillé à la reconstruction de l'église sur un plan plus vaste et plus beau.

Vue n° 46. — Grand chef des Big-Nambas.

De la Nouvelle-Calédonie acheminons-nous vers le Nord en nous rapprochant de l'Equateur. Voici d'abord la mission des Nouvelles-Hébrides. Cette mission a toujours été et est encore une mission difficile, par suite, non seulement de l'insalubrité du pays où personne n'échappe à la fièvre, mais aussi d'une certaine hostilité des indigènes à l'égard des blancs, hostilité qui a sa source dans les méthodes souvent odieuses et cruelles auxquelles les colons et recruteurs ont eu recours pour obtenir la main-d'œuvre nécessaire dans leurs plantations. Puis, surtout, les indigènes restent très attachés à leur religion et à leurs coutumes païennes. Leurs réunions sur les places publiques où sont alignées des cloches de bois taillées en figures grimaçantes, leurs sacrifices de porcs offerts sur ces places à leurs divinités, ou aux esprits de leurs ancêtres, la pratique de la polygamie et de l'acquisition de femmes en échange de vils animaux, leurs Sociétés secrètes et leur ambition d'acquérir par diverses offrandes des grades de plus en plus élevés dans ces Sociétés, tout cela a contribué beaucoup à enrayer le mouvement des conversions.

Cependant la mission des Nouvelles-Hébrides est loin d'être une mission stérile, et il y a très peu de temps encore, une tribu entière de 250 indigènes, dans l'île païenne de Malicolo, se déclarait prête à accepter la religion catholique. Aujourd'hui, tous les membres de cette tribu sont baptisés.

Vue n° 47. — Un catéchiste et sa famille.

En 1890, un Calédonien qui avait été confesseur de la foi pendant les persécutions s'offrit à accompagner le P. Vidil aux Nouvelles-Hébrides afin d'obtenir la guérison de son enfant atteint de la peste. Au bout de quelques mois, le missionnaire et son auxiliaire tombèrent malades de la fièvre presque en même temps; ils se virent bientôt dans une situation désespérée. Benoît, c'est le nom du catéchiste, dans un élan héroïque de foi, offrit à Dieu sa vie en échange de celle du Père. Il mourut quelques jours après et le missionnaire guérit.

Vue n° 48. — Le monument des disparus en mer.

Les missionnaires des Nouvelles-Hébrides n'ont pas seulement été éprouvés par la fièvre. Plusieurs d'entre eux périrent en mer dans divers naufrages. Toutes les stations des Nouvelles-Hébrides se trouvent sur la côte. Les blancs et les étrangers qui se sont risqués dans l'intérieur ont payé leur imprudence de leur vie.

Ce monument fut élevé à Port-Villa à la mémoire de trois Pères et de deux Sœurs morts en mer. On pourrait y ajouter deux Pères et un Frère coadjuteur disparus en mer aux tout premiers temps de la mission.

Vue n° 49. — Sœur Marie-Clément, morte en mer.

Le P. Perthuy et Sœur Marie-Clément avaient quitté *Sesivi* en baleinière pour faire voile vers Port-Sandwich. La mer brisait fortement. La baleinière s'engagea dans un fort mascaret. Une vague la remplit par l'arrière et elle coula tout d'un coup. Les indigènes se portèrent vite au secours du Père et de la Sœur. Ils les firent asseoir sur une espèce de radeau formé de trois avirons qu'ils avaient lié de leur mieux avec leurs vêtements. Mais bientôt les forces manquèrent aux pauvres naufragés ballottés, inondés par les fortes vagues. Sœur Marie-Clément dit au Père : « Père, je suis épuisée, je sens que je ne puis plus tenir; donnez-moi l'absolution. » Le Père lui donna l'absolution et elle remit son âme entre les mains de Dieu. Un peu plus tard le Père se sentit défaillir et il dit à son tour : « Je vais mourir. » Alors Gaston, un jeune indigène qui n'avait pas voulu quitter le Père et la Sœur, lui dit : « Père, avant de mourir, donnez-moi l'absolution. » Les paroles de l'absolution furent les dernières paroles du Père. Gaston put échapper à la mort pour nous donner ces détails.

Un épilogue touchant : Une jeune fille, lisant le récit de cet héroïsme dans les *Annales de la Propagation de la Foi*, prit sur-le-champ la résolution de solliciter la place de cette Sœur périe en mer. Elle fit sa demande, fut acceptée au noviciat des Sœurs du Tiers-Ordre Régulier de Marie et eut la joie de recevoir comme nom en religion le nom même de celle qu'elle était venue remplacer. Elle se dévoue maintenant au soin des lépreux dans une grande léproserie d'Océanie.

Vue n° 50. — Carte des îles Salomon.

En remontant encore vers le Nord, nous arrivons enfin aux sauvages Salomon où les missionnaires Maristes furent plus éprouvés que dans toutes les autres missions d'Océanie.

Les îles Salomon s'étendent du Sud-Est au Nord-Ouest et sont divisées en deux missions : le vicariat apostolique des Salomon méridionales et la préfecture apostolique des Salomon septentrionales. Les deux îles principales, Malaïta au Sud, Bougainville au Nord, renferment une population dont le nombre est encore inconnu, car la férocité des habitants ne permet pas l'exploration de l'intérieur ; mais à en juger par les abords et par les bouquets de fumée que l'on voit s'échapper au loin dans la forêt et qui trahissent des villages, on estime cette population, dans chacune de ces deux îles, à 50 000 ou 60000 âmes.

Remarquez, dans la partie Est du groupe, au nord-ouest de Malaïta, l'île d'Isabelle où tomba le premier martyr des Salomon, Mgr Epalle ; au Sud-Est, l'île de San-Cristoval, où trois missionnaires furent massacrés et dévorés par les sauvages.

Vue n° 51. — « Chasseurs de têtes ».

Il n'y a pas longtemps encore, sur les rivages que nous commençons à occuper, le cannibalisme était une pratique fréquente, et il est probable qu'il n'a pas encore disparu de l'intérieur des grandes îles inexplorées.

Mais les Salomonais sont aussi bien connus pour un autre genre de hideux « sport » : la chasse aux têtes. Ces sauvages faisaient des expéditions guerrières dans les îles ou pays éloignés, à la seule fin d'en rapporter des têtes. Ils tombaient donc à l'improviste sur un village, massacraient une partie des habitants et emmenaient les autres pour les tuer à la prochaine fête cannibale; mais les têtes des morts étaient rapportées en triomphe pour être conservées dans la maison « tambou », comme trophées de leurs glorieuses expéditions, et pour servir à orner leurs pirogues de chasse.

Vue n° 52. — Type salomonais.

Les indigènes des Salomon aiment à porter toutes sortes d'ornements en coquillages : bracelets, colliers, médailles énormes en forme de demi-lunes et de croissants; ils se percent le lobe inférieur de l'oreille et en agrandissent le trou en y introduisant des ronds de bois de plus en plus grands, jusqu'à ce qu'enfin le lobe forme une bande de chair étroite et longue qui leur tombe jusque sur l'épaule. Cette ouverture leur sert soit pour mettre des ornements, soit pour « entreposer » leur pipe et leur tabac — car ces gens n'ont pas de poche. Ils y mettent aussi les lettres que les missionnaires leur donnent à porter soit à leurs confrères soit au bateau pour la malle d'Europe.

Avec de la chaux qu'ils se procurent en brûlant du corail, ils se teignent les cheveux, pour les débarrasser de la vermine, mais surtout pour leur donner une couleur rousse qu'ils apprécient hautement.

Dans certaines régions, à Santa-Cruz par exemple, ils se placent dans la cloison du nez une énorme bague en écaille de tortue et en forme de demi-lune qui leur pend sur la bouche. Pour eux, c'est le *nec plus ultra* de la beauté.

Vue n° 53. — Une femme salomonaise.

Aux Salomon, les filles, toutes jeunes encore, sont fiancées ou plutôt vendues aux plus offrants, et comme ce sont les chefs qui ont le plus de richesses, c'est-à-dire des porcs et des coquillages taillés, ce sont eux qui accaparent les femmes. Inutile de dire qu'ils sont polygames.

Les travaux de culture incombent aux femmes. L'homme ne s'abaisse pas à travailler la terre, planter des ignames, porter des fardeaux. Tous les soirs, vers 5 heures, on voit ces femmes, au retour de la plantation où elles ont travaillé toute la journée sous le brûlant soleil des tropiques, s'acheminer vers le village avec une charge qui dépasserait les forces de nos plus vaillants portefaix, assemblage de toutes sortes de denrées : des taros, du manioc, des bananes, des noix de coco, de grands bambous contenant de l'eau douce ou peut-être de l'eau de mer, puis du bois sec pour faire la cuisine, des feuilles de bananier pour envelopper les aliments avant de les mettre au four, et tout ce qui est nécessaire pour préparer le repas du soir. Il n'est pas rare de voir le bébé au sommet de cet énorme ballot. Tout cela n'empêche pas la maman de tirer de sa pipe de bonnes bouffées. Faut-il la plaindre? Habituée à cette vie, elle ne se croit pas aussi malheureuse que nous serions portés à le penser; elle serait très étonnée si on lui disait que c'est aux hommes à faire ce gros travail.

Vue n° 54. — Le martyre de Mgr Epalle.

Mgr Epalle, le premier vicaire apostolique des Salomon, s'embarqua à Londres le 2 février 1845 avec sept Pères et six Frères, arriva le 12 décembre à l'île Isabelle et mouilla dans la baie d'Astrolabe, sur la côte Sud-Ouest de cette île.

Le 16 décembre, avec deux Pères, un Frère et quatre marins conduits par un officier, ils descend à terre. Ils sont sans armes. Quelques instants après, la petite bande est attaquée par une horde de sauvages. Le chef lève sa hache et l'abat sur l'évêque qui chancelle et tombe. L'officier, un Père et le Frère sont blessés. Ils réussissent cependant à rejoindre l'embarcation, puis le navire, en emportant leur évêque qui respire encore. Mais la blessure est mortelle. Deux jours après, il expire.

Comme en Nouvelle-Calédonie, les missionnaires s'acharnent à cette terre qui a bu le sang de leur évêque. A Makira, dans l'île de San-Cristoval où ils essayent de fonder une station, Mgr Douarre, qui vient les visiter, trouve huit malades sur neuf missionnaires. Ils sont minés par la fièvre. Le P. Crey meurt à vingt-quatre ans. Les PP. Paget, Jacquet et le Fr. Hyacinthe sont massacrés, rôtis et dévorés par les cannibales. Le successeur de Mgr Epalle, Mgr Collomb, meurt peu après, épuisé par la fièvre. Son compagnon, le P. Villien, le suit dans la tombe quelques jours plus tard, victime, lui aussi, de la fièvre paludéenne. En quatre ans, la Société de Marie perdit aux Salomon sept de ses fils. Il fallut abandonner la mission.

Vue n° 55. — Mgr Vidal et ses catéchistes fidjiens.

La mission des Salomon fut reprise en 1898.

Le 21 mai 1898, Mgr Vidal, accompagné de trois Pères et de plusieurs catéchistes fidjiens volontaires, abordait aux îles Florida, au centre des Salomon méridionales, pour faire un nouvel essai d'apostolat parmi ces populations restées sauvages. L'année précédente, en 1897, l'équipage autrichien de l'*Albatros* avait été massacré par les indigènes de Guadalcanar; d'autres blancs tout récemment, avaient payé de leur vie leur imprudence en cherchant à entrer en relation avec les sauvages. Les missionnaires seraient-ils mieux reçus ?

Vue n° 56. — Ecole des garçons de Visale.
Vue n° 57. — Trois écoliers.

A force de prudence et de bonté, non seulement les missionnaires purent entrer en relation avec les indigènes, mais aujourd'hui, à l'endroit même où fut massacré l'équipage de l'*Albatros*, il n'existe plus un seul païen, et c'est à peu de distance de là, à Visale, que le vicaire apostolique a établi sa résidence.

Dans les écoles de cette station, on compte en moyenne 200 enfants, sous la direction des Pères et d'un Frère coadjuteur pour les garçons, et des Sœurs du Tiers-Ordre régulier de Marie pour les filles.

Vue n° 58. — Les Sœurs et leurs écolières à Avu-Avu.

La vie des Sœurs aux Salomon est la vraie vie missionnaire; Non seulement c'est la classe, le soin des enfants, des bébés. mais c'est aussi la visite des villages.

Les deux compagnes missionnaires arrivent au village. On cause avec le chef, les femmes, les enfants. Ensuite on accroche le crucifix à un arbre ou à une case; le silence est demandé, chacun fait le signe de la croix, on récite les prières; puis on explique le catéchisme au moyen des grandes images de la Bonne Presse. Cela ne dure que quelques minutes pour ne pas fatiguer l'attention de ces esprits peu accoutumés à réfléchir.

Ensuite, les deux Sœurs se partagent les enfants. L'une prend les garçons toujours plus nombreux, l'autre les filles. Alors c'est la classe proprement dite : un peu d'alphabet, de lecture, d'écriture, de calcul même. La classe se termine par une distribution de médailles et d'images.

Enfin les Sœurs visitent les cases pour s'assurer qu'il n'y a pas de malades et pour donner quelques conseils de propreté et d'hygiène dans le soin des petits enfants. Les Sœurs ont ainsi parfois l'occasion de faire des baptêmes d'enfants mourants.

Vue n° 59. — Paysage des Salomon du Nord.

Nous voici aux Salomon septentrionales, pays enchanteur où la nature semble avoir prodigué à l'envi toutes ses richesses et toutes ses beautés. Cependant, derrière ce voile attrayant, se cachent bien des misères. Déjà nous avons vu l'état de sauvagerie dans lequel se trouve encore la plus grande partie de ces populations. Disons un mot maintenant des souffrances et des misères purement matérielles qu'ont à supporter les missionnaires :

1° La chaleur pénible, sans répit, sans trêve, pratiquement la même pendant les douze mois de l'année. C'est précisément cette chaleur torride, accompagnée de pluies torrentielles, qui donne à ces pays cette admirable fertilité. Mais les missionnaires, venant tous de nos climats tempérés, ne s'acclimatent pas facilement à une telle température et à une telle humidité.

2° La nourriture. Avec les taros, les ignames et le manioc, le missionnaire doit se contenter bien souvent de viandes de conserve; la viande fraîche lui est à peu près inconnue. De vin, on n'en parle pas; ses moyens lui permettent à peine de se procurer ce qui lui est nécessaire pour la sainte messe.

3° Le lit du missionnaire n'est autre, souvent, que le plancher de sa case, fait de bambous juxtaposés, et sur lequel il étend une natte ou deux. Dans les stations mieux organisées, il dispose sur un cadre supporté par quatre courts pieux quelques planches ou roseaux entrelacés. C'est une couche plus saine parce qu'elle ne repose pas directement sur le sol, mais elle n'est guère plus moelleuse.

4° La fièvre est évidemment l'épreuve physique la plus cruelle de ces pays, des Salomon comme des Nouvelles-Hébrides. Avec l'usage régulier de la quinine, les attaques n'en sont généralement pas mortelles, mais elles sont parfois extrêmement douloureuses et elles débilitent les constitutions les plus robustes.

5° Enfin, n'oublions pas les nombreux petits « animaux domestiques » avec lesquels le missionnaire doit s'habituer à vivre : les moustiques qui transportent rapidement d'une personne à l'autre le germe de la fièvre; les petits lézards, et il y en a d'un mètre, mais ils ne sont pas méchants; les cancrelas qui sont légion et se permettent des familiarités audacieuses; les araignées géantes, dont le corps, gros et rond comme une noisette, envoie dans toutes les directions des pattes effilées d'une longueur invraisemblable; les fourmis de toutes grandeurs qui, comme les cancrelas, envahissent tout et se trouvent dans la vaisselle, dans le sucrier, et dans les plats que le petit cuisinier indigène apporte sur la table du missionnaire.

Vue n° 60. — Un missionnaire heureux.

De toutes ces misères, le missionnaire ne se plaint jamais et ne parle que rarement. Il est heureux au milieu de ses enfants

— les plus petits surtout, qui sont l'espoir et l'avenir de la mission, — heureux avec sa petite église couverte de chaume, sa case plus humble encore, son école, si modeste soit-elle. Il est heureux quand il s'embarque pour aller à la recherche des âmes dans ses longues tournées apostoliques, le long de la côte ou dans les diverses îles de son district; heureux de trouver des enfants pour son école, pour l'asile des Sœurs; heureux d'aller visiter ses confrères voisins pour parler avec eux de ses succès, de ses espérances; mais heureux aussi de revenir à sa station, à son église où il a pour compagnon le Missionnaire des missionnaires, Celui qui a dit à ses apôtres : « Allez! Prêchez l'Evangile à toutes les créatures. Voici que je suis avec vous jusqu'à la fin des siècles. »

Vue n° 61. — La brousse.

Le missionnaire d'Océanie voyage surtout sur l'océan. Il y a cependant des marches à faire pour aller visiter les tribus de l'intérieur, souvent des marches de dix et douze heures pour aller d'un village à l'autre, et par quels chemins! Essayez de vous représenter la brousse très épaisse des tropiques : des arbres, des fougères géantes, des lianes, des buissons touffus, des herbes très hautes; puis un étroit sentier permettant à peine à deux hommes de se croiser, où le soleil ne pénètre jamais et qui ressemble à un tunnel à travers cette végétation tropicale. Là il faut prêter une attention continuelle; vous risquez à chaque instant de butter contre un rocher, une vieille souche, une racine d'arbre, de vous entailler le bras sur une branche coupée en biseau sur le bord du chemin, ou de vous cogner la tête contre une autre branche que personne n'a songé à couper parce que, en se baissant, on peut passer par-dessous. Il faut donc à tout instant enjamber une racine ou un arbre mort, ou se plier en deux, pour éviter une branche, se faufiler à travers des ronces épaisses. C'est un exercice qui fatigue vite.

Voici une rivière qui semble barrer la voie; mais non : pour le missionnaire comme pour l'indigène, c'est la voie naturelle; on traverse la rivière comme on traverse la brousse, sans même enlever ses habits; tout séchera bien vite; on a aussi l'avantage de se rafraîchir et de pouvoir se désaltérer en passant. Quand on ne rencontre pas de rivière, on se contente, pour calmer la soif, de l'eau qui croupit dans les trous d'arbre jusqu'à ce qu'enfin on arrive au village où l'on trouve des noix de coco rafraîchissantes qui sont en même temps boisson et nourriture pour le missionnaire et ses compagnons.

Vue n° 62. — Première église de Koromira.

Aux Salomon septentrionales, il n'y a aucune église de pierre ou de ciment. Un missionnaire désigné par le préfet apostolique, peut-être accompagné par lui, part avec six ou huit jeunes gens baptisés, d'un dévouement éprouvé, sur le bateau de la mission. On emporte des provisions pour quelques semaines, le matériel de campement et les outils nécessaires au défrichement et aux premières constructions. Sur le terrain qui évidemment a été fixé d'avance au centre d'une région suffisamment peuplée et assez bien disposée, on débarque avec une partie du matériel.

On cherche à s'assurer, moyennant des rations de tabac, l'aide de quelques indigènes du pays, avec l'espoir qu'ils formeront le premier noyau de catéchumènes. On défriche l'emplacement d'une case provisoire. Comme il faut tailler dans la brousse épaisse, ce travail dure plusieurs jours et, chaque soir, on revient coucher sur le bateau. D'un autre côté, cette brousse procure l'avantage de fournir de suite une partie des matériaux de construction. Enfin, une case du genre de celles que vous voyez ici est achevée. Elle servira d'abord de maison pour le missionnaire et les enfants, puis de chapelle le matin et le soir. Le bateau peut maintenant retourner à la station centrale. Peu à peu on défrichera un terrain plus vaste. On plantera des taros, des ignames, des bananes. Enfin on travaillera à des constructions plus solides. Pendant ce temps le missionnaire pourra réunir quelques enfants et commencer un embryon d'école. Le dimanche il convoquera tous les païens de la région, et ainsi l'œuvre de Dieu ira en progressant.

Vue n° 63. — Catéchistes aux Salomon septentrionales.

Aussitôt l'œuvre des écoles établie dans une mission, on s'efforce de former des catéchistes. Quel travail pour amener ces jeunes gens du paganisme à l'apostolat! Quand ils commencent à venir chez le Père, ils ne savent rien, absolument rien. Leur expliquer le catéchisme semble être peine perdue, malgré toute la bonne volonté qu'ils peuvent y mettre. « Que veux-tu, Père, c'est inutile, disait l'un d'eux, mon ventre est bouché; rien n'y rentre. » Il faut savoir que pour les Salomonais le ventre est le siège de l'intelligence et de tous les nobles sentiments. « Allons, lui dit le missionnaire; pense donc dans ton ventre, ça viendra. » Et ça vient peu à peu.

Le Père réussit à « dégrossir » ses futurs catéchistes, leur apprend patiemment à lire, à écrire, à prier; peu à peu le catéchisme « leur entre dans le ventre », comme ils disent, et enfin ils arrivent à savoir assez de prières, de cantiques et de catéchisme pour aller s'installer dans un village complètement païen où ils construiront une petite chapelle de « brousse », réuniront les indigènes, les feront prier et chanter et prépareront la visite du missionnaire et les premiers baptêmes. Souvent aussi ils auront l'occasion de baptiser des enfants mourants qui vont droit au ciel où ils prient pour leurs familles et leurs tribus.

Les catéchistes aident les missionnaires à étendre leur action sur ces vastes territoires qui autrement leur seraient complètement fermés. Ils ne les remplacent pas, mais sont leurs collaborateurs dévoués. Ils méritent notre admiration et nos prières.

Vue nº 64. — Evêques missionnaires de la Société de Marie.

Voici des évêques Maristes, vicaires apostoliques d'Océanie, entourant le P. Colin, fondateur de la Société de Marie, et le bienheureux Chanel, premier martyr d'Océanie.

Ces vicaires apostoliques demandent, avant toute autre chose, des missionnaires, des missionnaires! Depuis quelques années, aux Salomon surtout, il se produit un mouvement remarquable vers la foi. C'est l'heure de l'Esprit-Saint qui vient enfin chasser les diables, maîtres de ces régions pendant tant de siècles. Les indigènes le disent eux-mêmes; ils en ont assez de vivre dans la crainte de ces esprits malveillants; ils ne veulent plus être « des ventres bouchés », c'est-à-dire ignorants et aveugles. Ils demandent, ils appellent les missionnaires, Pères, Frères, Sœurs. Malheureusement les protestants, profitant de notre petit nombre, accourent de tous côtés et envahissent ces districts où la moisson blanchit. Voilà pourquoi les vicaires apostoliques appellent aux missions les jeunes âmes ardentes qui veulent travailler à la grande moisson des âmes. De tous ils sollicitent des prières pour obtenir des vocations apostoliques et des grâces de Dieu.

Vue nº 65. — Glorification du bienheureux Chanel.

Ces vocations, ces grâces du bon Dieu, nous aimerons à les demander par l'intercession du bienheureux Chanel, et nous aimerons à redire cette prière qu'il aimait à redire lui-même :

Que par vous, ô Marie, le nom du Sauveur des hommes soit connu et adoré par toute la terre.

P. Dubois,
de la Société de Marie.

1926-575. — Imp. Paul Feron-Vrau, 3 et 5, rue Bayard, Paris, VIIIe.

www.ingramcontent.com/pod-product-compliance
Ingram Content Group UK Ltd.
Pitfield, Milton Keynes, MK11 3LW, UK
UKHW020519180726
13839UKWH00005B/2178

9 782329 204130